JN439970

술도 못 먹는 영은이

초판 1쇄 인쇄 | 2018년 07월 24일

지은이 | 정지안

펴낸이 | 이승훈

펴낸곳 | 해드림출판사

주 소 | 서울 영등포구 경인로82길 3-4(문래동1가 39)
센터플러스빌딩 1004호(우편07371)

전 화 | 02-2612-5552

팩 스 | 02-2688-5568

E-mail | jlee5059@hanmail.net

등록번호 제2013-000076

등록일자 2008년 9월 29일

* 책값은 표지에 있습니다.

* 잘못된 책은 바꿔드립니다.

ISBN 979-11-5634-294-6

본 도서는 충청남도, 충남문화재단의 후원으로 발간되었습니다.

술도 못 먹는 영은이

정 지 안　제 7 시 집

머리글

7번째 시집이니,
행운의 7이라는 숫자를
한번 믿어본다

7번째 시집이다. 행운의 수 7이다. 그런데 이번에는 또 어떤 이유를 대야 할지 고민된다. 숫자가 커지면 여유가 있어져야 하는데 꼭 그런 것만도 아니다. 인생을 살 만큼 산 것도 아니고 그렇다고 어린 애도 아니니, 중심이 없어서 그럴까? 아니다. 지금 중심이 없을 리가 없다. 중년이라는 세월을 살고 있으니 말이다.

생각은 살아가면서 경험도 하면서 여러모로 넓어졌는가 싶지만, 그것을 간직하고 있는 마음속의 모든 것들이 신체 각지의 운동신경에 명령을 내려 보면 그렇지도 않다.

마음의 명령과 신체의 기동에 부조화가 막 시작되고 진행되어가는 그런 젊음과 노년 사이의 낀 사람인가 싶다.

이러고 보니 갑자기 할 말이 확 막힌다. 막히면 멈추는 게 상책이다. 그래도 뭔가 아쉬운 듯한 것이 있는데…

아 한마디 더 하면, 이번에는 책을 엮는데 약간의 장난스러움(?)이랄까 장의 구분을 엉성하게 했다.

예전에도 왜 이런 구분을 할까? 왜 이렇게 구분을 할까? 생각해 보았는데, 결론적으로 별 이유가 없었다는 생각이 들어서다.

어느 날에는 이런 생각이 들고 그때 글을 쓰고 싶다는 생각이 나면 쓰고 또 다른 어느 날에는 저런 생각이 들 때 왠지 강한 충동 같은 무엇이 글을 쓰게 해서 쓰기도 했을 뿐이다. 남들이 원래 다 그랬는지는 모른다. 나만 여태껏 모르고 그랬는지 말이다.

그것보다는 삶의 여러 단면을 치밀하게 고민해서 글을 쓰는 분들에게 괜히 엄한 소리를 하고 있는지도 모르겠다는 생각이 들어서 갑자기 정신이 차려진다. 7번째 시집이니, 행운의 7이라는 숫자를 한번 믿어보자. 정말 그런지.

한마디 더 해도 되고 안 해도 된다면 안 하는 게 맞는데, 그래도 한마디 해본다면 제목에 쓴 "영은이*"에 대해서 해야 하는 게 맞다.

몇 년 전에는 잘 알았었고, 지금은 어디에서 어떻게 사는지 잘 모른다. 그 영은이는 이 시대 아픈 청춘들 중의 하나이다. 그 영은이에게 응원을 하기는 하나, 응원 하나로 위

로받기 어려운, 참 어려운 시대를 살아가고 있다. 그래도 그들에게…, 자꾸 말로 무엇을 하는 게 오히려 어리석다.

이 정도면 머리글로 예쁘다. 마음에도 든다.

* 201345011 박영은

1

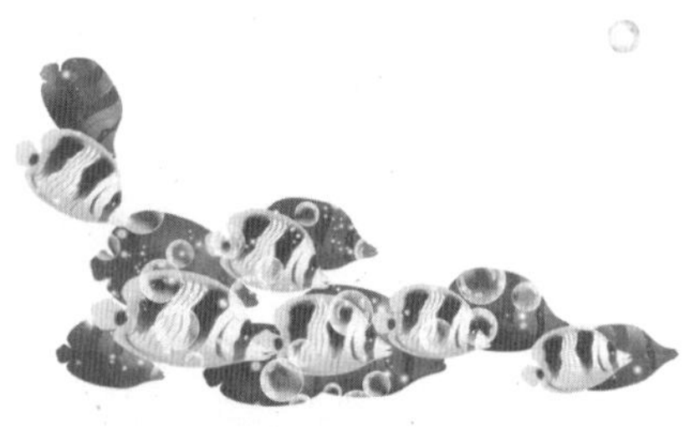

2

3

1

한라산

흰 사슴이 물 먹던 곳이
거기에 있어
가보고 싶은 곳

사실은
아무것도 없어서
빨리 내려와야 하는 곳

일출과 백록담을 핑계 삼아
새벽 서너 시에 출발해서
허무와 마음속 혼자만의 전설을 만드는 곳
왜 한라산을 갔을까?
모르지
그 산이 거기에 있으니까 갔지.
왜 백록담을 올랐을까?
쓸데없지만, 이상한 결심이지
왠지 꼭 올라야만 할 것 같은 의무감 같은 것

눈 내리는 한라산을 오르고
눈 쌓인 백록담을 보면서
무슨 생각을 해야 하나.
사진 두서너 장은 우선 찍어야 할 거고

먼저 오른 사람들의 표정은 어떤가?
뭔가 비장한 각오를 한다는 게 무엇인가?
그런 게 읽혀지는가?
젠장, 바람, 칼바람, 살을 에는 바람이로구먼.
오 분 있다가 내려가야 하나
헛기침 한 번 더하고, 십 분 후에 내려가야 하나
중간 매점에서는 컵라면이라도 먹어야 하나
보온병에 가지고 온 커피도 없는데
올라올 때 보다는 쉽겠지?

내려갈 것을 알고 산을 올랐지만
왜 올라갔을까?

한 인간이 신년 새해 벽두에
추위에 배고픔에 그 개고생을 하면서 오르고
떠오르는 햇빛을 보면서 한 생각이란 게
해발 0미터.
그냥 땅바닥에서 해도 될 것들을. 쯧쯧.

한라산
그 무수한 인간들의 외침을 들었을 텐데
답이 있던가?
누구에게라도 들려주고픈 답을 들었느냐 말일세.

아님
혼자서라도 영원히 간직하고픈 말은 있던가?

삼대三代의 통계統計

통계라는 단어는
지르고 싶은 사람 마음대로다.
전문 학사야 가슴 아플 일이지만
대략 그럴 거라고 어림잡은 값인데
꼭 틀린 말도 아닐 거일 테고

몇 천 년 전 삼대三代의 구성이 어땠는지
전혀 모른다.
그래도 대략 생각해보면
유아 및 아동기의 왕성한 아이들
십 대후반부터 이십 대 정도의 피곤한 부모들
삼사십 대 정도의 무기력한 노년층
이래 살지 않았나 싶다.
언 듯 언 듯 아프리카 어디를 보면
그런 것 같으니 말일세

우리가 좀 먹고살 만하겠다 싶을 때

삼대의 구성이라고 하면
유아에서 청소년 세대
이 삼 십 대의 부모세대
사 오 십 대의 노년 세대
이렇게 조금 늘어난 수명통계가 된다.

먹고 남아서 배가 빵빵한 오늘날
삼대의 구성은
유아에서 청장년 세대
삼사 오십 대의 부모세대
육칠 팔십 대의 노년 세대
이렇게 대폭 증가한 수명 통계가 되겠다.

미래에도 삼대의 구성은 조금 바뀌겠지만
무한정 늘지는 않겠지
생물학적 한계라는 게 엄연한데
어렵게 사는 노년 세대를 바라보니
그 긴 세월에 가슴이 아프다
단지 그들의 어려움을 보게 된 것
그런 것이 아니다

나이가 든다는 것과
나이 들면 그렇게 된다는 것
이 둘을 모두 잘 알기 때문이다.

알 것 같은데

사람의 일생은
생노병사生老病死 한 마디로 끝나고
그 사람의 일상은
희노애락喜怒哀樂 또 한 마디로 끝나고
그 사람이 사는 사회는
권선징악勸善懲惡 이 말 한마디로 끝나고
그 사이 사이에 들어간
일상의 언어와 평범한 행동
왜 그런 말을?
왜 그런 행동을?
아마 그럴 거야. 아마 그랬을 거야.
세상만사 모두를 알 것 같은데…

세상 모든 것
거의 알 것 같은데
알 것 같아도, 알아서 뭐하나

결국
알아서 뭐하나
그 하나를 아는 게 전부. 하~아.

아무것도 아닌데

생각지도 않은 일들이
늘어진 시간을 타고 줄줄이 매달려
크고 작은 결과들을 일러 줍니다.
지금도 무슨 일이 일어나지만
솔직히 뭔지 모르겠고
시간이 지나면 그때서야 아~하 하겠지요.
작은 일은 칼에 베인 상처처럼
피 나고 조금 아플 것이고
큰일은 칼에 베인 상처와는 달리
온통 쓰라린, 꼭 죽을 것 같을지도 모릅니다.
그리고 시간이 한참 흐른 후에도
아주 오래동안 가슴 깊이 새겨질
뵈지 않는 상처이겠지요.
살다 보면, 그것.
아무것도 아닌데, 별것도 아닌데
그렇게 습관이 되어가는 것 같아요.

갓 돌이 된 아이의 얼굴은
티끌 하나 없이 분 바른 하얀 얼굴
그 아이의 아버지와 어머니는
그 아이를 낳기 위해 기르기 위해

참 힘들었고 아직도 힘들지요.
그 아이의 할아버지와 할머니는
얼굴에 검버섯이 거뭇거뭇 많이 피었네요.

살아가며, 사는 것을 보는 것
별게 아니고요.
아무것도 아니 여요.

대접과 존경

서로서로 살다가 보면
많은 만남이 생기고
그 만남과 그 이후의 관계에 의해
인간이 인간으로서 순수하게 좋은
인간이 인간으로서 여하튼 무조건 싫은
그런 두 감정 사이에 놓여있는 다양한 관계
관계의 복잡성에 따른
서로 다른 상대적인 대접
대접과는 또 다른 상대적인 존경
삶은 그리고 관계를 맺는 사람과의 삶은
대접을 하거나 존경을 하거나 할 때
매우 복잡한 조합을 해야 할 거야

경제생활 하는 사람이 생각하는 돈의 가치는
사람의 대접 정도에 따라 차이가 있겠지
누군가를 존경하는 것에는 관여치 않겠지?
아니야. 사람이 생각하는 사람의 가치는

어떤 필요에 쓴 돈의 양이 아닌 게야
정말로 그 사람에 대한 순수의 가치만으로
존경의 여부와 감동이 다를 거야
다만 이 세상에서 부유하나 몰지각한 무리
그럴 것이라 착각할 뿐이야

길바닥에 주저앉은 거지라도
그에게 있는 무엇 때문에 존경을 할 수 있어
봐라. 돈이 아니지
그런데 세상에는 참 우습게도
돈 있고 존경받고, 돈은 없으나 존경은 받는
이놈도 저놈도 참 드물다. 정말 드물다.

개심사開心寺

서산 운산 개심사瑞山 雲山 開心寺에 갔다.
대략 1500년 전 이 이름을 얻었단다.
당진에서 서산을 가다 보면 있는데
가는 길이 한산하다.
주인 없는 농가의 빛바랜 회색 건물
참 가난한 표정으로 사라졌다.

개심사라
마음을 열어라, 이 뜻일 텐데
개심사의 역사라거나 전설이라거나
그런 것은 알바가 아니다
개심開心. 마음을 열어라. 누구에게?
참 여러모로 말이 꼬인다.
내가 너에게 아님 네가 나에게
그도 아니면 우리 모두가 우리 모두에게
어허. 지금 꼭 몰라서 묻는 것 같은데
진짜 모르나?

너 정말, 혼자 잘 생각해 보거라
아무도 없다. 너 혼자 생각해라.

개심開心을 읽고 찾아갔는데
자꾸만 폐심閉心이 되가는 것 같아

혹시 그 까닭이 있는가? 아는가?
나도 모르겠네, 내가 가진 욕심을
별게 아니라고 믿었건만 그렇지가 않아
여태 욕했던 시정잡배와 다를 바 없어
지금 내가 이걸 알고 있어
이렇다는 것을 알고 있어, 어떡하나?
혹시 모두 들을 거라고 생각하고
크게 소리치면 돌아오는 메아리
이 소리를 모두 들었을까?
아니야.
사실은 아무도 듣지 않는 게 메아리야.

문제의 해결

아는 이와 전화통화를 했다
몇 가지 어려움을 얘기하지만
들어보면 별게 아니다.
그렇다고 해결해 줄 수 있는 것도 아니다.
한 마디 해 주고 싶은 것은
지금 살아있는 순간을 기준으로
미래는 어떨지 모르는 거니
한 1분 정도만 생각하고 고민하고
과거는 알기는 하지만, 이왕 지났으니
한 5분 정도만 생각하고 고민하고
그냥 계속 살던 대로 살라는 거다

당신의 문제가 실제로 무엇인지 모르겠지만
무엇인가 문제라고 생각하고 있는 게
그대가 가진 문제가 아닐까?
너무 무책임한 것 같지만
그래야 해결이 될 것 같거든

과거보다 미래에 더 인색한 것은
현재라는 게 과거보다는
아무래도 미래에 가까워야 할 것 같아서
막 열심히 살다가 보면
1분마다 다가올 테니까 말이야

정말 괜찮은 생각인 것 같아

아무것도 묻지 마. 나도 막사는 거야.
이 사람아.

무제

컴퓨터 모니터 가운데 한 지점에서
커서가 깜박이고 있다.
늦은 시간이었고, 여러 잔의 커피를 마셨는지
엷은 맹물 수준의 커피를 들고
연속극 쓰던 주인이 털퍼덕 앉는다.
재미난 극을 만들지는 모르겠는데
저러고 사는 작가의 일상이
사실은 연속극의 한 장면일 텐데
혹시 그 사실을 알고 있는지 모르겠다.

가난한 년이 부자가 된다는 내용을 설정하면
주인공이 시장에서 콩나물 팔고, 회사에서 청소하고
이러면 재미있으려나? 개가 웃을 일이다.
시청자의 수준을 뭘 로 알고 그러는지
특급호텔 침대에서 머리카락 흐트러지고
밤새 양주 퍼마셔서 머리통 아파 뒤통수 잡고
얇은 이불이 등 중간 언저리까지 덮여있으나

보나 마나 다 벗어 던졌을 게 확실하고
이 정도는 되게 써야 하지 않을까?

부자인 놈이 사랑을 하는 내용을 설정하면
주인공이 조폭 똘마니 같이 생겨 먹으면

이러고 재미있다면 이번에는 소가 웃을 게다.
사모님과 그 딸년의 수준을 뭘 로 알고 그래
게슴츠레 한 눈빛으로 최고급 소파에 기대서
하얀 이빨 드러내고 히죽 한 번 웃어주고
하얀 손에 골프채 뭐 대충 그런 종류 잡고
돈 필요하면 몸으로 때워라 식의 표정
그 정도는 되게 구성해야 되겠지?

작가는 사실과 상상으로 돈도 사랑도 쓰고
시작과 끝을 처음부터 계획하고
죽이고 살리고 흥하고 망하고 별 장난질을 해도

그것을 보는 시청자는 좋아해요
그 시청자는 각본 없이 살아가며
혼자 쓰고 고치고 지우고 그러면서 잊고
시작도 엉성하고 끝도 어떨지 모르는 삶을 살며
그 연속극이 뭐가 그리 재미있어할까
혹시나 대리만족 같은 것 때문에 그럴까
대리만족. 그게 뭐야? 아무것도 아닌 것 아닌가.

작가님이 사람 사는 어느 한 모습을
사실처럼 이것저것 넣어서 대본 잘 썼어요.
제작자도 돈도 쓰고 회식도 시켜가며

정성껏 지원을 많이 했어요.
감독님도 인연에 얽매이지 않고
적절한 배우와 정열적으로 일했어요.
연기자들도 서로서로 호흡을 가다듬어
웃고 울고 실감 나게 연기를 잘했어요.
총평을 하면 재미도 감동도 있었어요.

사람 사는 흉내를 내는 어떤 것도

가정과 설정과 연기와 그 모든 것은 사실인데
그 모든 사실은 사실 거짓이잖아요.
그렇지 않아요. 사는 게 오히려 거짓이라는 거
내가 내 삶을 아나요. 조금 안다고요.
그래요. 글쎄요. 그게 참.…. "?"

어느 좋은 날

야트막한 산을 오르는데
춥지는 않고 기분 좋게 싸늘한
키 큰 소나무 사이사이 햇살이 따사로운
이렇게 설명되는 날씨 였어
키 작은 나무에 싹이 나왔는데
새싹이 나왔는지 또 싹이 나왔는지
새로운 거와 다시라는 게 같은가?

한 아이가 큰 소리로 울음 울면
여하튼 시작인 게고, 그 엉성한 시작 이후
한평생이라는 무한 질주를 해야 되는 거고
어느 때, 평소와 다르게 침묵하는 그에게
알고 있던 사람들이 슬픔과 눈물 보이면
정말 모든 게 끝인데
그 중간중간 멈추고 다시 멈추고 다시
그렇게도 살게 되는 걸까?

친구들 듣게나, 친구들 보게나.
올챙이든 개구리든 크고 작은 동물들
풀이든 나무든 크고 작은 식물들
겨울 찬바람이 부드러운 봄바람에 밀려나니
새롭다고 다시 시작이라고

그 기분이 참 좋은 것 같네요.
어떤 변화, 계절의 인생의 그런 것에
기쁘게 새로운, 기쁘게 다시 이래 봅시다.
오늘 햇살 바람 모두 좋네요.

어떤 고백

왜 태어났는지 아십니까?

모릅니다.

어떻게 태어났는지 아십니까?

예. 알고 있습니다.

왜 죽는지 아십니까?

예. 압니다.

어떻게 죽는지 아십니까?

알 듯하지만 솔직히 모릅니다.

다 알고 있는 시작과 끝인데

참으로 어렵습니다.

말하기도 생각하기도 그 외에도

다 알 것 같은 것 또 하나 묻습니다.

왜 사는지 아십니까?

음…. 이거 대답해야 하는 건가요?

답이야 할 수 있지만, 어렵군요.

그런가요?

삶이 유한하다는 거야 알고 있었는데

그 유한하다는 것을 생각해 본적은
별로 없네요. 사실은 억지로 외면?
외면? 그러지도 않았어요.
유한하지만, 유한하지만, 글쎄요
유한. 무한과 동음이의어로 볼 것도 아닌데

유한. 그냥 무한으로 여기는 착각을 했었나?
중반 이후는 가속도가 붙은 것처럼
빠르답니다. 너무 빠르다고 합니다.
삶의 이해도 상대성이론이 필요한 것인지
알던 모르던 이 세상을 사는 게
쉽지 않은 게 아니라 그냥 어렵습니다.
왠지 지금 이 순간, 여러 번 솔직해지네요.

연속극 제작

방송국 간부 제작자 작가가 모였다.
침묵하며 조용히 커피를 마신다. 잠시.
한 60부작 수목드라마 하나 만들어서
3월부터 구시월 추석 전후 그때 까지
술 마시고 세월을 때워야 하지 않겠어?
편당 제작비는 대충, 한둘 큰 거 쓰고
나머지는 자잘한 거로 때우는 거 알지
길바닥 촬영 많이 넣으라고 광고도 할 겸
또 지나가는 사람들 많이 나오면 되잖아.
어차피 대사야 주연이든 조연이 하는 거니까
가능하면 예술성도 좀 있다고 해서
아래위 훌러덩훌러덩 벗겨 버리고
아. 지가 예술이라면서 떠벌릴 건데
눈요기가 어 떠니 저 떠니 신경 쓰지 말고
요새 노래하는 애들 봐봐 난리도 아니잖아
막장 끝장 엎치락뒤치락 몇 번 넣고
꼭 더러운 것 본 것처럼 욕하면서 보거든

참 아줌마 울리는 장면도 꼭 있어야 할 걸
눈물 없는 연속극 본 적 있어?
눈물 없이 아이고 아이고 저 죽일 년 하고
열 받을 수 있어?
카타르시스라는 거 알지. 꼭 공식 같은 거

혹시 생각하신 주인공이라도 있으신지?
생각한 사람이 있긴 한데, 요즘 그것이
큰 풍선 하나 잡고 오르는 것 같더라.
하긴 그래 봤자 오르다 영원히 날라 가지
어느 날 끈 풀린 비키니 사진 한 장이면
시궁창 어딘가에서 헤매고 있을 거야
밥 먹으러 가자고. 다 됐지.
오늘은 내가 살 테니, 언제 술 한 잔 사라고
손 부드럽고 허벅지 통통한 주인공 애도 끌고
이번 연속극은 야생동물의 세계인가?
뭔지는 잘 모르겠는데 악취가 진동을 하는군

그래도 존경한다 하고 감사한다고 하고 그러데
그래도 조명발 아래 화장발이 살아요.
가장 화려한 착각을 생산하네.

분류학

어 저기 꽃이 보인다.
그 사이사이에, 사방에 나무가 있다.
이게 뭐야, 저게 뭐야
세상은 참 신기하게 별게 다 있다.
그런데 어떻게 불러야지
가깝건 멀건 손가락으로 가리키며
이 꽃, 저 나무, 저기 저 꽃
매번 이럴 수는 없잖아

어 저기 작은 벌레가 보인다.
그 옆에 또 작은 벌레와 비슷한 벌레
이게 뭐야, 저건 뭐지
세상은 참 신기하게 별게 다 있다.
곤충처럼 작은 것들도 있지만
소 돼지같이 엄청 큰 동물도 있는데
이들도 잘 이름 지어 불러야겠다.
이놈 저놈 매번 할 수 없잖아

다른 것 다 내버려 두고
사람만 가지고 놀아보자
남자 여자로 나누어 볼까?
글쎄. 그럴 필요 없을 것 같아.

그냥 우리네 사람 사는 세상의 사람이잖아
나이로 키로 몸무게로 나누면 어떨까?
나눌 수는 있어도 무슨 의미가 있으려고
종교로 피부색으로 나누는 건 어떨까?
글쎄. 그럴 필요 없을 것 같아.
종교는 선택 가능 피부는 선택 불가능
사람 사는데 선택과 필연의 차이도 없는 거야
어린 남자인데 키 작고 뚱뚱하고 착해
나이든 아주머니 키 크고 날씬하고 열심히 살아
음 대충 뭔가 감이 오는데
착해 열심이야 이런 것하고
사랑 정열 책임 용기 이런 것들
사람은 사람들이 생각할 때
좋다고 생각하는 것으로 나누어야겠어

산 자여, 산 자여…

산 자여
지금 할 말이 없어서 안 하는 게 아니다.
하긴 할 말이라는 것도 사실은 가치 없다.

머리로 이해할 수 있는 죽음은
그렇게 어려운 게 아니다.
그렇게 무서운 게 아니다.
의식이 흐려지고 서서히 평온해지고
화면이 검게 꺼져 사라지는 것처럼
아무런 흔적 없이 되는 거다.

그런데 한 가지 문제가 있다.
머리가 아닌 가슴에서 이해해야 할 죽음
아무것도 아닌 것처럼 어떻게 죽일 수 있니
별것도 아닌 것처럼 어떻게 죽일 수 있니
죽었다 한들 어떻게 보낼 수 있니
죽었다 한들 어떻게 잊을 수 있니

내가 대신 죽어야 하는 것도 머리로 하는 생각
보내지 말고 잊지 말고 가슴에 묻어요.
보내지 말고 잊지 말고 가슴에 묻어요.

죽은 자여
산 자는 살라하고 떠나시오.
잘 또는 잘못은 이모저모 모두 따지든지 하고
전설의 고향에서처럼 저승사자가 되어
저세상에 잡아갈 놈 있으면 모두 그렇게 하고
너무나 원망스런 죽음이라도
당신의 죽음을 슬퍼하고
오히려 죽은 당신보다 살아있는 모든 순간
당신보다 더 고통스런 삶을 살아야 할
그 사랑하는 사람들을 위해
죽은 자여! 산자는 살라하고 떠나시오.

산 자여
죽은 자를 알고 있는 산 자여
말로 머리로 할 수 있는 것들
격렬하게 몸부림치며 울고불고하세요.

그 순간이 끝나면
사랑했던 죽은 자를 보내요.
구천 길은 어둡고 멀다고 해요.
산 자여. 살아있어도 느끼는 그 고통
그래도 산자여. 또 살아야 하는 고통이
얼마인지 모르지만 남아 있다오.
산 자여, 산 자여, 산 자여…

통장정리

모 은행 자동화기기실에 들어가면
세련된 모양새의 자동입출금기가 있다.
한 달에 한 번 많으면 두 번 이용하는데
앞에만 서면 통장을 펼치라고 하기도
밀어 넣으라고 하기도 한다.
기분 나쁘게 소화시키는 소리도 익숙하다
찍, 찌익, 찍, 찌익, 찍, 찌익, … 찌익
한 서른 내지 마흔 번 정도 씹는가 보다
왼쪽 대변에는 한번 흔적이 있고
오른쪽 차변에 나머지 먹고 산 모든 흔적들
다 알고는 있어도 잘 알지 못하는 자동이체
밥 먹고 술 먹고 별게 다 있는데
많지도 않은 4인 가족이
함께 맛있게 밥 먹은 기록도 없고
누구누구를 위해 명품보다는 한끝 아래라도
그래도 좋은 브래지어 팬티 산 흔적도 없고
어이 된 일일꼬. 하기야 당연하지.

애 어른 할 것 없이 또 이유도 없이
무조건 막 돌아가는 세상이고
그 세상에서 살아내야 하니까.
그래도 가족은 그렇게 함부로 하는 게 아닌데
다음 달에는 통닭 2마리 사 먹어야겠어.

찌익, 한 줄 흔적을 남기기 위해서라도
그런데 아들 녀석 족발 보쌈얘기도 했었는데
이번에 다 먹고 싶다 우기면 어떻게 하지

통장정리
이것도 한 개인의 역사였어?
이게 슬픈 역사야 기쁜 역사야
아하. 마지막 줄 잔고를 보면 대충…
어허.…. 음. 기쁜 것은 아닌 것 같군.

얼굴

어느 누군가에게
슬픈 일이 있었다면
마음속에 있을 거예요

아마 슬픔에 잠긴
그 사람을 보면
그의 눈가에
슬픔이 서려 있을 거예요

어느 누군가에게
기쁜 일이 있었다면
그 또한 마음속에 있을 거예요

아마 기쁨에 들뜬
그 사람을 보면
그의 입가에
기쁨이 번져있을 거예요

그가
비밀리에 무의식중에 엉겁결에
마음속에 가진
그 슬픔, 그 기쁨, 그런 감정들

모두 보이네요.
모두 알 수 있네요.

그 슬픔
슬픔일 거예요. 슬퍼해야지요.
그러면서 과거로 만들고
언제 그랬냐는 듯 살아야지요.

그 기쁨
이건 달라요. 즐겨야지요.
그러면서 현재에서 미래까지
항상 그런 것 같이 살아야지요.
그런 것 같이 살아보세요.

행복이라는 생각

가난한 행복
가난한 자의 행복
이 둘은 같은 것인지?

가난한 자의 행복은
사는 게 가난하지만 그래도 삶은 행복한
행복하지만 가난한 자는
삶은 행복하지만 사는 게 어렵기는 한
이 두 쌍의 대립, 대립은 아닌 것 같고
이 두 쌍의 차이. 맞아 차이.
같은 것인가? 같은 것일까?

사람 사는 세상에는 가난하고 부유하고
그 사이사이 많은 계층이
가로로 세로로 뒤섞여 살 것이고
행복 자체가 가난하지는 않을 거야
가만히 보면

행복 자체는 그냥 행복인 거야
왜? 뭐가? 아닌가? 그래?
이런 말들 필요할 때가 있지
그때는 그런 말 쓰고 싶으면 쓰고
그렇지 않고 마음이 평온해진 어느 때

그게 행복한 것 같은 순간이고 느낌이면
그게 전부야. 행복한 것

서해 무창포

대한민국 지도의 울퉁불퉁 서쪽에서
위에서 아래로 한참을 가다가
서해 중간 어디쯤, 알고 보니 무창포 바닷가
거기에 섰다.
전설이 아닌 사실이 하나 있는 동네
어느 땐가 바닷길이 열린단다.
다른 건 모르고 그 사실만 어렴풋 알아
그 동네 사람과 사실과 사물에 대해서
여러 가지로 미안한 마음이다.
순박한? 아닌데. 휘황찬란한 관광지? 아닌데.
바닷가 허름한 어촌마을의 시골 관광지
과학으로 이해되는 현상을 전설처럼 만들어
관광객을 불러 모으는가 보다.
활弓처럼 둥그렇게 길게 예쁜 모래밭
물과 포말과 모래로 된 바닷가가 아름답다
전설이 없어도 충분히 아름다운
그런데 한편 생각해보니

사람들은 소박하면서도 순수한 아름다움
그런 것에 별로 유혹받지 않는가 보다
바닷길 열리는 어느 날과 그냥 어느 날은
장사가 된다 안 된다 하고 구분하니 말이다
바닷가 한쪽 엉성한 붉은 꽃

아마 해당화 아주 붉은 해당화이리라
거기까지 가지 않겠다. 예쁠 것이기 때문에
뭔가가 있어서 거기에 관심을 보이는 것
약삭빠르게 사는 게, 조금 이익은 되지만
그것참 낯부끄럽지 않겠는가?
모래 거품 얕은 바다 깊은 바다 맞닿은 하늘
수직이 수평에 합쳐진 그 아름다움까지
오랫동안 하늘 바다 모래를 여러 번 보고 싶다.

옛날에

옛날, 옛날, 옛날에
철수와 영희는 사랑을 했더래요.
철수는 열심히 일하고 영희는 살림을 잘하고
행복하게 잘 살았대요.

옛날, 옛날에
철수와 영희는 사랑을 했더래요.
둘이는 열심히 일해서 잘 살았대요.

옛날에
영희와 철수는 결혼을 했더래요.
부모님 재산으로
잘 쓰면서 살았대요.
행복하게 잘 살았는지는 모른대요.

얼마 전에
영희는 철수에게 결혼하자고 했더래요.

조부모와 부모의 재산 이야기를 했고
사랑애기도 있었고
행복에 대한 애기도 있있고
세상 사람 누구나 할 수 있는 애기는 모두 했고
소박한 웃음까지 지으며 그랬다네요.

철수는 돈과 사랑과 행복이
하나의 의미로 연결되어 있다는 점이
참으로 좋다고 했대요.

비밀 만들기

보지도 않는 시집詩集에
깨끗한 만원을 감추고
만 원어치의 비밀을 만들었다.
시간이 한 참 지난다면
그 돈의 가치는 높아졌을까?

친구에게 쪽지편지를 받았다.
재밌는 내용이다. 사랑 뭐 이런…
이 또한 잘 보지도 않는 시집
만원 끼워 놓은 자리 두 쪽 뒤이다.
돈은 십 원도 안 들었지만 편지글이
큰 사랑도 큰 감동도 아닌 것이었고
순수하면서 진실했던 마음을 담았는데
그래도 이게 가슴 설레는 비밀이 되었다.

시간이 한 참 지났을 때
만원의 가치는 만원이겠지

시간의 가치를 더하면 한 돈 천 원 정도
물가인상 따지면 어림없지만
그래도 오래전에 아껴 둔 만원인데
십 원도 안 된다던 쪽지 편지는
액면가 정해진 적 없이 마음이 쓰인

그것은 기억 추억 느낌 비밀. 뭐 이런 것들
이 기억 같은 추상성에 가치가 있을까?
아마 쪽지편지의 가치는
한동안 비밀이었다는 것이 더 크지 않을까?

어느 한 사람의 젊은 시절에 있었던
그리고 한 참이나 잊고 있었던 많은 것에
읽지도 않는 시집에 갇혀
고이 간직된 것. 고스란히 간직된 것.
그 작은 비밀로

예쁜 사람의 예쁜 짓

한시 하나* 읽다가
미칠 것같이 예쁜 글이 자꾸 생각난다.
가인佳人, 사랑스런 예쁜 사람
상사부相思否, 그립지 아니 하더냐?
점두點頭, 고개를 끄덕거림
그러니까
알았다, 그렇다, 허락한다는 의미
그러면
소점두小點頭, 고개를 조금 끄덕거림
수줍게 알았다, 그렇다, 허락한다는 의미

옛날
몸 작고, 얼굴 작고, 나이 어린 처자를 품에 안고
너 내가 그립지 않느냐 라고 물으니
요새 같은 경우에는…, 말을 말자
그때
말하기는 뭐하고

고개를 조금 끄덕였다는 것이지
그리웠다는 것과 기다렸다는 것과
아마 사랑하고 있다는 것까지 모두였겠지

그리움을 간직하는 것. 좋지 뭐.
기다림을 가진다는 것. 좋지 뭐.
사랑하는 사람이 있다는 것. 좋지 뭐.
가볍지 않잖아. 즉흥적이지 않잖아.
정말 그리움 기다림 사랑인 것 같잖아

* 유영봉 역/해설, 너도 내가 그립더냐(한국인들의 1000년 사랑, 그 절절한 밀어들의 고갱이) 중에서 가인(佳人, 작자 미상, p.194~5)이라는 작품, 늘푸른 소나무, 2003년.

두 글자 단어의 역설

하늘을 보면 구름도 보이고
구름이 흘러가면 바람 부는 것을 느끼고
불현듯 두 글자로 된 단어가 생각이 나고
하늘 구름 바람, 다 알고 있어도 신선하다
평소 고개 들어 하늘 구름 바람 본적이 적다
두 글자 사랑 행복 연애도 정겨운 단어

사랑. 무슨 의미인지 아는데, 잘 모르는 것.
행복. 간절히 바라지만, 느끼기 어려운 것.
사랑을 알고 싶으면 사랑하되 사랑을 버리고
행복하고 싶으면 행복을 잊고 살아보면
혹시나 주변 어디 가까운 데 있지 않을까?
소심하게 그냥저냥 살아가는 사람인데

인연

세상에는 알 것이 너무 많은데
다행히 아는 게 너무 없다는 고백
그 사실 하나만 알아도 참 많은 걸 알고 있는 거야
인연
당연히 알고 있는 것
옷깃만 스쳐도 우겨대는 것, 우겨댈 수 있는 것
시간이 지나면서
그 뜻도 맞고 어쩌면 맞지 않기도 하지만
말장난처럼 가벼운 게 아니라는 것
시간이 지나면서 나이를 먹으면서
인연은 거의 필연이었던 것들이라는 생각
인연의 또 다른 모습인 악연도 있게 된다는 것
그 모든 게 뒤섞여 사람들이 살고 있었다는 것
인연-필연-악연, 모두 피곤하다.
나중에 그 끝에 과果-결과結果가 매달릴 테니까
그 또 다른 굴레의 시작점이 되려는 징조
끝 나 거라. 끝 나 거라. 제발.

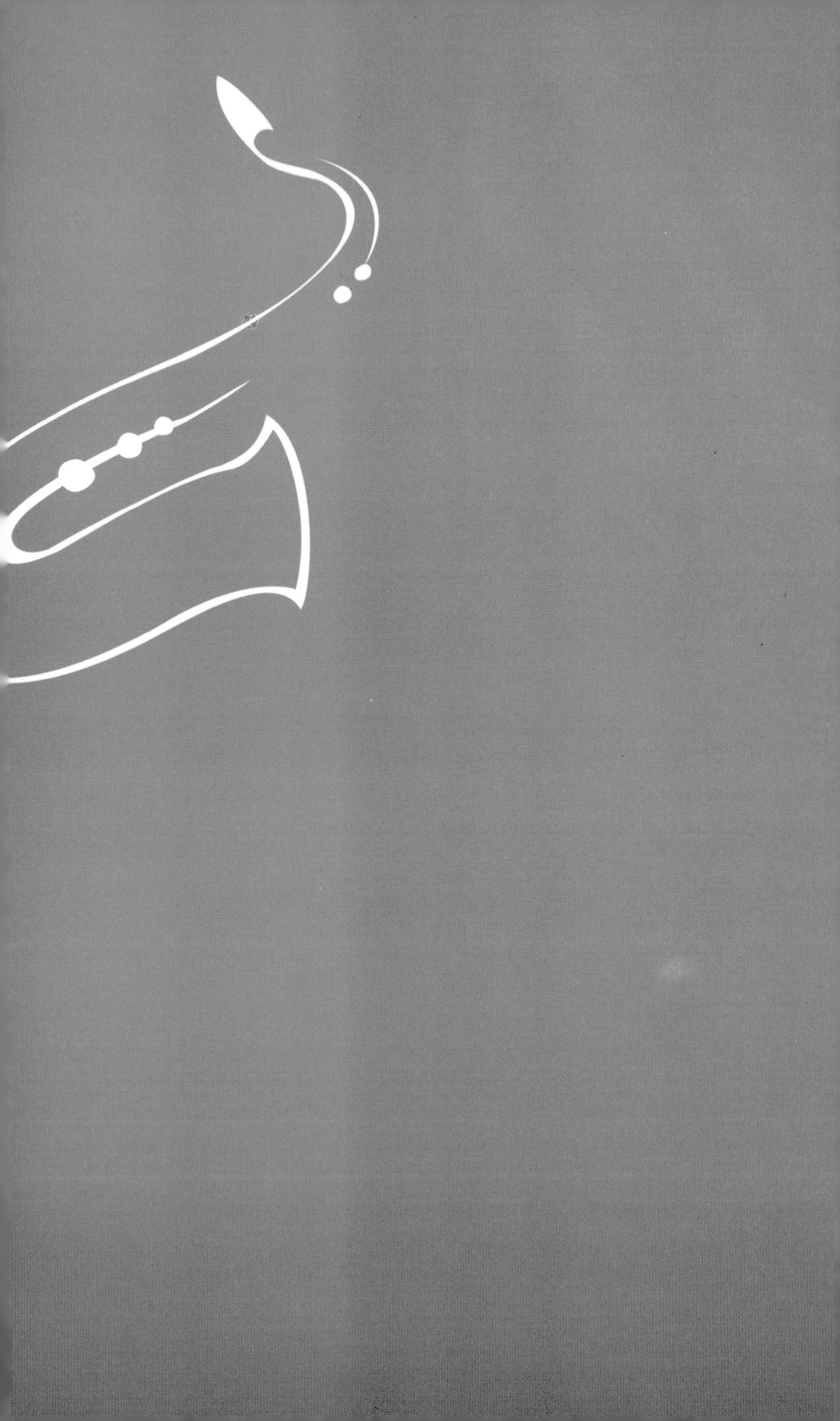

3

복수초

날이 추워서 생각도 안 했는데
정말이지 하얀 눈 속에서
어쩜 저렇게 노랗게 피었지. 복수초가.
대충 노르스름하게 피었어도
예쁜데
한겨울이 막 지나며 그래도 꽤 추울 때 피워
의리도 지켰는데
게다가 행복과 장수를 기원하는 꽃
아마 행복도 영원한 행복을 말하겠지
혹시 슬픈 추억이라도 있으면
복수초 꽃 한 참 바라보세요.
깨끗한 하얀 색 그 속에 맑은 노란색
그것 외에는 아무것도 없어요.

첫사랑

지금까지 사랑에 둔했다
앞으로 남은 시간 열렬히 사랑하려 하나
사랑에 둔할 것이다
가슴 설레며 말들 하는 첫사랑
첫사랑이 있었는지 없었는지
모두 착각했다고 할 수 없지만
사랑 아닌 것에 사랑이라 했었는지 모른다.
그렇게 살고 싶지 않다.
사랑이라는 거 과거에 할 수 없었다면
현재에 그리고 미래에 할 수 있으면 좋겠다.
할 수 없으면 안 할 수도 있다.
그러나 내가 알게 되는 첫사랑은
아마 꼭 하게 될 것이다.
사랑. 그 천하지 않게 느낄 수 있는
말로 하지 못하고, 말할 필요가 없을지라도
뭔가 내게 찾아올 그 무엇
그게 첫사랑이 될 거다.

용서 없음

밭매는 할머니
이 풀. 잡초인가요.
이 잡초는
어떤 생각으로
할머니 앞에 있을까요
혹시 착한 마음이었을까요
착하기는 뭐
지도 어쩌다 여기 있겠지

날이 매우 더운데
이 풀
원수 같겠어요. 밭매시면서
글쎄
원수랄 것도 없지
지나 내나 어쩔 수 없는 거지
내는 잡초면 뽑아버리면 되고
그 뽑힌 놈은 말라 죽을 거고

간단한 논리
정확한 논리
용서고 뷁고, 그 의미 자체도 없는
사는 것의 진실

삶에서의 가치

몇십 년 삶을 살다 보니
이 세상에는 필요한 게 너무도 많더군.
눈에 보이는 것은 물건이라 칭하고
남자는 자동차를 여자는 가방을
가지고 싶은 물건의 공식이 되었더라고.
그러면서 그것에 대한 욕심으로 살더라고

눈에 보이지 않는 많은 추상적인 것들
사실 꼭 필요도 없어 보이는데, 그런데 필요한
복잡하고 어렵고 미묘하고 그런 것들
믿음, 사랑, 소망 이외에 행복, 건강. 참 많아
그런데 이런 것들은
어떻게 생각하고 느끼고 하며 사는 걸까?
분명 서로서로 간에
주고받으며 연결된 것이 있을 거야
혹시 시간은 어떤 걸까
벽에 걸린 시계가 시간인가? 아니지.

아니라고? 그럼 뭐야.
모든 사람들이 지금 몇 시야 하면
벽에 걸린 시계를 쳐다보곤 말하잖아

그렇다면 또 한 번 엉뚱한 생각해볼까
가치라는 의미를 생각했을 때
시계의 가치야 시간의 가치야
한번 생각을 멈추어서 하늘을 보고 있어
어딘가 모순에 빠져버렸거나
가치에 대한 혼란에 빠졌거나
문제가 생겼는데, 뭐가 문제인지 모르겠네.
매사 이렇게 복잡한 것만은 아니었는데
뭐가 어떻다는 것인지

그러면 삶이라는 것
사람이 막연히 산다고 할 때
삶이 일상인지, 일상이 삶인지

같은 말을 하는지 다른 말을 하는지

이제는 이것이 말이나 되는지도 궁금하군.

아 경옥아

경옥이는
평생에 한 번 있어 본 애인이다. 과거에
어제
어제는 2014년 7월 한참 더운 어느 날인데
경옥이가 글쎄 위암 4기란다.
이 말은 곧 간다는 말이다.

한 30여 년 전에 알았고
이름조차 거의 잊었던 사람인데
돌아와 앞에 선 것은 아니지만
어찌어찌해서 알게 되었는데
하기야
생로병사 중에 병에 걸렸고
모든 사람들이 거쳐 간 마지막 단계에서
대기를 하고 있다는 것이지.
어떻게 마감하려는지…

그런데 경험해보지 못해서 몰라
알기는 다 아는데
이게 산사람이 죽을 사람에게
또는
죽은 사람에게 하는 인사인 거야

별것도 아닌 인생 살면서
죽음을 몇 발짝 뒤로 미루어 놓은 것
약간 약 올리듯 사는 거 말이야

나. 그냥 조금 행복하거든
그래서 이름조차 잊었다 했잖아
너도 그냥 그렇게 살 거라 생각했는데
나 보다 두 살이나 어리잖아
하긴 삶과 죽음은 가까운 우리 곁에 있고
항상 같이하는 건데
사람들 머릿속에서는 항상 구분하더라
갈 거면 잘 가
나 아마 눈물 안 흘릴 거야
왜냐고. 나하고 너는 원래 남이잖아

오늘, 내 친구에게

자꾸 뒤 돌아보지 마
모두 앞 만 보고 가는 것
그것도 참 안 될 일이지만
사랑하는 게 어려워서
행복이 뭔지 잘 모르겠다고
이런저런 이유로 하나둘 핑계를 대고
스스로 위안받으려 하지 마
오래전 과거 또는 얼마 전 과거에
꼭 괜찮았던 것처럼, 그러지도 마
지금 별반 다르지 않아. 앞으로도 그래
그냥 걷다 보면
누군가 손을 잡아 주거든
그 사람 웃고 있어. 알지?

* "2014 서울지하철 스크린도어 시"에 응모했으나, 탈락.

상가리 이야기

예산 덕산 상가리 시골 동네가 있다
8월 중순에 비가 내리는데
하늘은 밝고 맑지는 않았어도 어둡지는 않고
비에 젖은 풀과 나무가 그런대로 상큼하다

이 곳 상가리
사방을 둘러봐도 그냥 평범한 시골이다
그런데 이 시골 동네에
고대 백제사와 근대 조선의 왕조사가
역사로든 전설로든 지나가는 이야기이든 간에
두루뭉술 어우러져 있단다.
고대와 근대 사이의 많은 시간 차가 있고
기록과 말 이음으로 전해지는 게 없더라도
이 시간에 별것 없이 살아냈을 우리 친구들
살아가려고 몸부림치던 그 아픈? 것들
그것들이 뭔지 모른다.

다만 생각해보면 지금과 별반 뭐가 다르랴
사람이 하루하루 산다는 것이
그래도 얼핏 들은 몇 가지 이야기들이
그리 유쾌한 것들이 아니었다.
가슴 아픈 이야기가 아픈 가슴이 된다.

상가리라는 이름의 시골 한편 동네 마을
이는 그냥 하나의 상징이다. 사람 사는 마을의

* 상가리上加里 : 충청남도 예산군 덕산면 가야산 입구 동네 마을 이름

겸제 산수화에 시비를 걸다

지리산 여러 길 중 하나를 걸어보려
여럿이 관광버스를 타고
아래쪽 방향으로 고속도로를 지나고 있다
시시각각으로 빠르게 변하는 경치를
사실은 좀 멍하니 보고 있다
야, 겸제의 산수화 같구나! 했다
겸제 산수화는 어지간하면 유명하던데
지금 지나는 이 길은 어디일까
모르지. 그냥 고속도로변 어느 동네
산도들도 개울도 나무도 마을도
눈에 보이는 것은 모두 평범하게 모르는 것들
그래도 이 눈에 보인 모든 장면들이
한 폭 또는 두 폭의 산수화인가
열 폭 또는 열두 폭의 산수화 병풍인가
아니지 수천, 수만 폭의 끊이지 않는 산수화
겸제 산수화가 아무리 잘 됐다 해도
솔잎 두어 개 빼놓고 그렸어

소나무 등걸도 조금 덜 굽어진 것 같은데
이런 시비를 머릿속으로 자꾸만 한다.
으이그
이 인간이 겸제가 가진 재능의 발끝만 되도
이러지는 않았을 것인데

이 재주 없는 인간을 어찌할꼬.
지리산 둘레 길 걸으면서
산수화 좋은 그림 많이 담아서
평소 생활에 여유로 활력으로 삼으시라.
시비를 걸어도 참말이 되는 거로 걸어야지
솔잎 두어 개가 빠졌다고?

먹고 산다는 말

살아있다는 건
배가 고프면서 무언가 먹고 싶다는
연속적인 생리 반응이며 신경 반응이야

먹고 산다는 건
입을 통해서 영양분을 공급하는
반복적인 신체활동이야

먹고살기 어렵다는 건
먹고사는 행위의 어려움 아니고
영양분을 얻는 과정 전체가 어렵다는 것이고
쉬운 말로 돈 벌기 어렵다는 말이겠지

누군가 일도 안 하면서 놀기 때문일까?
왜 어려울까?
어느 사회가 어쩌다 승자독식인 경우
그 구조는 더럽고 비열하고 악랄하고 철저하거든

그런데 승자라면 몰라도
그렇지 않으면 그렇지 않게 살아줘야 되는
속이 어떤지는 몰라도 얼굴은 웃어야 되는

그러면 무엇이 그럴까?
그거. 말하기 생각하기 어려울까 하지만
너무 쉬워. 욕심이야.
멈출 수 없거나 멈추지 못하거나 하는 욕심.
상식이 있는 인간은 어떨까? 하는데
그건 정신병인데 어떻게 할 수 없는 거야
그 욕심. 천년이 가도 만년이 가도 상관없어
사는 것, 잘 사는 것, 아주 잘 사는 것
욕심내고 또 욕심내서 잘 사는 것. 그 욕심
인생 백년을 쉽게 말하는데, 사실 그만큼 못가
도 닦고 별짓 다 해도 겨우 몇 십 년 세월
먹고 살기 어렵다 하면서 사는 안타까운 인생
그들. 그렇게 안타까운 것은 별로 없거든
그래도 이말. 좋기야 하겠어.

어느 가을날에

우문현답

전설

노새 노새 젊어서 노새

삶의 길을 묻다

싱거운 사랑 얘기

길을 걷다

이 꽃 예쁘지 않아요

이해

변명

가을 또는 무제無題

시대의 아픔

사랑해야 하는 이유

말장난

술도 못 먹는 영은이

시장 근처에서

타락墮落한 한 인간을 보며

살아있음의 공포

눈 내린 날

어느 가을날에

생각보다 이른 추위가 찾아온 한적한 시골집 주변에는
바쁜 할아버지 할머니가 가을걷이에 정신없어하고
울타리 주변의 오동나무 감나무 단풍나무는
생긴 대로 펄렁펄렁, 퍼얼퍼얼, 피리릭피리릭 합니다.
오동나무. 누렇고 두툼하고 맨 질 맨 질한 큰 잎에는
자서전 반쯤 쓸 수 있을 것 같이 넓어 할 말이 많을 것 같고
감나무. 애매하게 알록달록 색깔의 꺼칠한 잎에도
연애편지 몇 장을 쓰고 두어 장 더 쓰고 남을 여유가 있고
단풍나무. 별 모양 진한 붉은색의 울퉁불퉁 단풍잎에는
결정적인 사랑 고백 서너 개를 써서 남길 수 있을 것 같고
가을에 해보는 전설 같은 이야기들입니다.

가을은 왠지 어딘가 빈 것 같은 생각이 들기도 하지만
곳간마다 이것저것 채워지는 즐거움이 있는
알알이 모두 전설이 될 것 같은데, 전설일 것 같은데
나무가 단풍든 나뭇잎을 천천히 떨 구어 내는 것은
마음속에 허전함 같은 것을 느끼라는 게 아니라

비워야 할 것을 아쉽고 안타깝지만 하나씩 버리는
참말로 자연스러운 합의된 나무가 해야 하는 일입니다.
상식보다는 한 수 아니 그 이상 앞선 행위이지만
그리고 모두 이해할 수 있는 정도인 것 같다고 하겠지만
아마 모두 이해했다는 게 조금은 무리일 듯합니다.

이 세상이라는 게 살다 보면 볼수록 그렇더라니까요.

다만 시도 때도 없이 아무렇게라도 살았으면
이왕이면 시도 때도 없이 그냥 잘 살았으면 하고 해요.

우문현답

어리석은 질문에도 재치 있는 답변
그러면
엉뚱한 질문에는 어떤 게 현답일까?

맛있냐? 맛있지? 맛이란 게 뭘까?
아마 또 먹고 싶고 또 먹고 싶고 그런 것
정말 맛있는 것은?
배가 많이, 아주 많이 고플 때
찬밥이라도, 세련되지 못한 반찬이라도
그중에서도 한 세 숟갈째의 맛 아닐까

멋있는데. 글쎄 멋있다는 것은 또 뭘까?
들리지는 않지만 지나는 사람이 "야~"하는 것
정말 멋있는 것은?
멋 낼 때는 그렇다 하더라도
동네 가게 갈 때도 별 신경 쓰지 않고
흔들흔들 경쾌하게 걸어가며

걸음마다 자꾸만 자신감이 넘치는 것

어렵지? 어려워서 죽고 싶지? 죽음이란 뭘까?
별것 없이 열심히 열심히 살았는데도
세상이란 게 왜 어려워만 가는지

정말 어려워 죽고 싶다고?
죽음이란 건 살아 있다면 해 볼 수 있는 것
그 모든 것을 못 한다는 것일 뿐이야
생각해보면 너무 간단해 보여도
그냥 장난삼아 말해 볼 수는 없는 것

어려워도 버티면서 죽지 않고 있는 것
결국 누가 물어봐도 답할 수 없으면서
모두는 알고 있는 것

전설

한 천여 년 전이나 아님 그 이전
어떤 아저씨가 그리고 옆에 아주머니가
일하다 놀고, 놀면서 사랑하고 애 낳고
때로는 술 마시고 노래도 거친 욕도 하고
걷다가 웅덩이에 오줌 누고 거기에 엎어지고
중지 손가락만 한 나무 붙잡고 흔들고 비틀고
그렇게, 그렇게 또 그렇게 시간 가 버렸다.

지금
천 년 전 또는 그 이전의 선배가 했던 짓들
웅덩이가 저수지 되고 거기 살던 여러 귀신 이야기들
가는 나무가 고목되어 거기 얽힌 가지각색의 이야기들
술 먹다 엎어지고 사랑하다 욕먹고
가난해서 더 많았던 여러 이야기들이 피어나면서
웃음이나 울음이나 무엇이든지 사는데 재미를 준다.

오늘날 비슷하게 사는 듯 보이기는 한다.

일하고, 놀고, 영어를 쓰며 사랑도 하고 그러면서
와인이나 양주라는 술도 마시고 노래도 하고 그러면서
혼자만 잘 살기위해서 더 이기적이 되어야 했고
영혼마저도 가끔은 순수치 못해도 괜찮았고
그것들 외에도 훌륭한 문명을 앞세워

나무도 자르고 산도 허물어 버리면서
호수를 매 꾸고 강은 이리저리 파헤치고
마음만 먹었다면 무엇이든 어떻게든 진행을 시키며
그렇게 얻은 결과에 대견해 하는 우리의 지금

한 천년이 지나면 아니 그 후에라도
지금 살았던 사람들의 웃음, 울음과 같은 감정들이
지금 살았던 사람들의 사랑, 배신과 같은 생활들이
천 년 이상 이어진 이야기에 자꾸 살을 붙여 이어가서
또 다른 천년, 이천 년 후 그 이상의 시간 속에서
천년 전후에 살았던 사람들의 이야기도 이어질까
그때에도 잔잔한 전설 같은 이야기가 되려나?

노새 노새 젊어서 노새

막걸리 마시며
시골스런 분위기로 들었던 노랫가락
화는 무 십일홍이요, 달도차면 기우노니라
다시 한 번, 花는 無 十日紅이요, 滿月虧니라.
아무도 모르나?
아니. 누구나 알 거야, 한 시절 살았다면은

문득
세월이 저쪽에서 저만큼 앞에서 가는 것 같은
그래서 걱정되는, 걱정하는 …
세월 가는 것, 걱정할 이유가 별로 없으면서도
그에 대한 불안이 있는지 아님 불만이 있는지
불로장생의 꿈이 힘들다는 것 다 알면서
혹시 일부러 모른 척이라도 하려는가?

근자에 너무 멋있고 세련된 노랫말들이 흘러넘치고
심지어 거의 철학적인 또는 진짜 철학적인 말들도

미사여구의 현란으로 세상을 압박한다
옛것들에 대해서 기억하라가 아니고 잊어버리라고
보이는 것 듣는 것 모두가 혼란스러움만 가득하다
세상이 마구 변해 어떻게 되려는지도 모르겠다.
아무튼 화무십일홍 달도 차면 기우느니라.

왜 갑자기 머릿속에서 이 말이 떠올랐을까?
궁금하기도 하지만, 그래서 어떻게 하나
시중 말로 애나 늙은이나 막 놀아야 하는가
언제나 노새 노새 젊어서 노새 하면서
이미 팔다리에 힘 많이 빠진 선배는 어쩌고
머릿속에서 불쑥 생각나는 아련한 추억 같은 것 모두
사는데 좋은 것만도 아닌 것 같아
이 세상 살면서 뭐든지 얼마 후면 사라질 것이니
그냥 세월이 약인가요라고 해야만 하는가?

삶의 길을 묻다

노인께 삶의 길을 묻고 싶습니다.
글쎄. 삶의 길이라.
그런 거. 없네.

다만, 해가 뜨면 온몸으로 마주하고 땀 흘리고
달이 뜨면 삶에서 조금 서운한 마음 느껴보았고
해도 지고 달도 없는 날에 칠흑 같은 밤이면
조막손 어린이가 한 줌 모래를 날리듯
영롱한 별이 우수수 허공으로 날려 퍼지면
전설, 운명, 사랑, 눈물 등 마음에 느껴진 모든 것들
그런 것들에 대한 시 소설 영화 등을 읽고 보고 했던
그랬던 것들에 대한 기억과 생각들이 조금 나네.

자네 같은 젊은이가 햇살을 등에 지고 물으면
그 조금 누리는 햇살을 가리게 되는데
혹시 알고 있나, 그대가 지금 그렇다는 것
그때

이렇게 조금 피해서 앉아있으면 되는 것 같네

아하!
삶의 길이라는 게 지금 막 생기는구먼.
누구에게나

너무 많은 게 필요치는 않다는 것 정도

싱거운 사랑 얘기

오늘은 어쩌다 사랑
하고 많은 사랑 중에
별 쓸모없는 짝사랑이 생각날까.

누군가를 사랑한다는데
그가
정말로 모르는 사랑
이게 사랑일까?

그가 알면, 사랑하는 관계
그가 모르면 짝사랑하는 중
짝사랑도 사랑인가?
사랑인지 어떤지 몰라도
하는 게 좋을까, 하지도 말아야 할까

사랑도 못 하는데
짝사랑도 못 한다면

이 세상을 살아가면서
사랑 얘기 한 번 못 할 텐데
사랑도 못 하고, 짝사랑도 못 하면
아. 그 인간. 어떻게 해
하긴 사랑, 짝사랑 이것 말고

무엇인들 그 인간이
속 시원히 살아보기는 했을까.

길을 걷다

길을 걷는다.
반대 방향의 사람도 앞을 향해 걷는다.
서로는 초가을 길가에 늘어선 가로수 나무에서
생각보다 빨리 떨어진 낙엽을 보면서
예쁜 빨간색도 노란색도 아닌 낙엽이 떨어진다고
그렇게 생각하고 있었는지는 모른다.
나무가 쓸모없다고 하여 무조건 버린 걸까
꼭 그렇지만은 안은 다른 이유가 있을 텐데
그 사정을 어떻게 알 수가 있나
나뭇잎 하나도 알기 어려운데
이미 거리에 날리는 여러 장의 낙엽
얼마 후 늦가을 우수수 떨어질 낙엽
하나하나의 이유는 있겠지만
그 이유는 생각하지 말자는 것으로 하는 게 좋다
가던 길, 그 길을 계속 걷는다.
아 앞 사람과는 마주 보며 걸었구나.
서로의 무표정을 보면서 걸었는데

그 무표정이 무의미는 아닐 거다.
이 세상을 살면서, 사는 게 뭔지에 대해
어떤 철학자보다 심각하게 고민하며
말없이 표정 없이 그렇게 길을 걷고
그 길 위에서 살고 있을 것이다.

서로는 다른 목적으로 자기의 길을 걷는데
마주 보고 걸었는지도 모를 테지.

이 꽃 예쁘지 않아요

얼마 전부터
이 꽃 예쁘지 않아요 라는 물음을
여러 번 들었다.
키 크고, 꽃봉오리 크고, 색 노랗고
한 눈에도 근사해 보인다.
당당하고 화려하다. 예쁘다.

한 번 만 물어보자.
여보게
이 세상에 예쁘지 않은 꽃
본적이 있어요?

저기 너무 작아 잘 안 보이는
저 이름 모를 꽃을 보게
살아 준 게 고맙고
그 삶이 안타까울 뿐인데
너 아름답다, 아니다

이런 시비를 해 보려는가?

묻지 말고 말하지 말고 따지지도 말고
가만히
눈으로만 봐 주게

그 삶의 신비, 생명의 신비를

이해

서로 틀린 게 아니라 다른 거야
머리도 옷도 화장도
생활하는 말하는 생각하는 방식
찢어진 청바지가 아니라
찢은 청바지를 입는 것처럼

달라도 너무 다르면
다른 게 아니라 틀린 거야
달라도 틀려도
그 자체가 이 세상 모든 사람
서로 간에 문제가 되지 않으면
삶의 다양성 속에 있는 하나이겠지
그런데 말이야,…

네 생각이 내 생각과 어떨까
너는 다르고 나는 틀리면
우리가 지금 우리의 말을 하고 있는 거니?

너의 모든 것이 너의 것이기는 하지만
우리가 우리라고 할 수 있으면 좋겠어.

변명

왜 사느냐고 묻는다면
나는 건강하게 우리는 행복하게 서로는 사랑하며
살아보려고 이 세상 산다 할 겁니다
어느 한 사람이 한평생을 살아가면
삶을 구성하는 여러 속성 중에서
하나하나 순차적으로 짚어 보기는 하는데
삶의 궁극은 죽기 위해 열심히 사는 게 아닌지
하기야 질문이 모호하지
왜 사는지 그 궁극을 물어야 했는데…

이 세상에 답이 없는 게 아니라
답하기가 어려운 질문이었던 거야
사람답게 사는 게 어떤 건지
이게 답할 수 있는 것이었던가?
겨우 말도 잘 안 되는 변명을 하나 하니
건강 행복 사랑 그 들은 어떤 것인가?
인생의 본질은 무엇이란 말인가?

셀 수도 없이 많은 삶의 본질에 대해서
또 다른 변명을 수도 없이 하시라네요

가을 또는 무제無題

가을에 낙엽이 떨어지는 것
가을에 낙엽이 떨어지는 것을 보는 것
가을에 낙엽이 떨어지는 것을 보면서 무엇을 생각하는 것

이것 전체는 하나인가 둘인가 셋인가?
이것 전체는 차이가 있다고 할 수 있는가?
차이. 차이라면 그 차이는 무엇이랄 수 있는가?

겨우 눈에 보인 현상 한두 개 눈을 통해 보면서
머릿속에서는 생각으로, 마음속에서는 감정으로
이게 언제 어디에서 무슨 작용을 하나? 할 것인가?

노란색 낙엽, 붉은색 낙엽, 잔가지에 부는 바람 정도
관념적인 무엇이 있으려나, 아무 결론이랄 것도 없는데
가만. 가만. 지금 사고의 무한 반복 고리가 작동하나?
무한 반복에 빨려 들어가는가 보네. 지금.

시대의 아픔

글 쓰는 선배들의 요구
글 읽는 대중들의 요청
이 시대의 아픔을 함께해야 한다는 외침
눈에 보이는 아픔까지만 인지
눈에 보이지 않는 아픔까지도 인지

신자유경제를 외치는 자의 풍요 와 윤택
신자유경제를 듣는 다수의 좌절과 분노
낙숫물효과를 말하는 관료의 무능과 부패
그 주변에 뿌려진 지성인 나부랭이들의 아첨
이런 류類의 자본주의에 대한 욕을 원하는가?

이것 이상인가? 이하인가?
누군가 치사하다면
내 목숨을 바치라는 건가?
대중은 어디에 있나? 무관심한데

사랑해야 하는 이유

이 세상 모든 것은
고유하거나 상징하거나 비교하는
이름을 가지고 있다
다만 서로 모를 뿐

사람은 사람이나 인간으로 불리고
그 외에 어떤 필요에 의해서인지
남자 와 여자의
갓난아이 청소년 장년 노년의
생각보다 가로로 세로로 나눔이 있다

어느 한순간 절정의 시기는
꽃으로 비교되거나 상징된다
갓난아이나 노년기가
꽃이라 하기에는 좀 어색하다
아마도 청춘이란 말을 쓰는 시기가
전 인생 중 가장 화려하게 피는 꽃이 아닐까

나이에 대한 나름의 이유를 들어
그때에 맞는 화려한 꽃이라 하지 말자
청춘의 상징은 사랑이고
사랑은 청춘남녀의 불같은 사랑일 테니까

처녀와 총각에서 아주머니와 아저씨로
그러면서 나름 여자와 남자로 살다가
어느 순간, 서로 모르고, 또 아무도 모르게
무엇인가 열심히 사람으로만 살겠지
여자는 여자가 아니고 남자도 남자가 아닌
그냥 사람
그냥 사람, 어허 맞는 말인데, 뭔가가 어색해?
사는 게 그런 거야
서로 사랑하면서 행복하게 산다면
겨우 한 발, 두 발 뒤에서 걷게 되겠지만

말장난

희망찬 내일, 더 희망찬 미래
어린 시절 여러 번 들었던 말이다
문제는
나이 어린 누군가에게 말하려면
이 말, 희망찬 내일, 더 희망찬 미래라고
확신에 찬 표정으로 열변을 토한다는 것이다

희망찬 내일에서 내일은 언제나 내일이었다
혹시나 오늘이 그 내일일까
착각해서 산 날이 없지는 않겠지만
희망처럼 꿈에도 그린 그런 날은 아니었다.

희망은 있는가?
희망은 내일 오는가?
희망은 내일은 아니어도 언젠가는 오는가?
살면서 가져 본 여러 개의 희망이 있었는데
포기하는 것마다 조금이나마 만족했다 할까

말장난이라 하기에는

오히려 이 경우가 현실인데, 어쩌나

술도 못 먹는 영은이

스무 살 먹은 영은이가 스무 해를
살아가고 있는 중이다.
언제인가 그에게 슬픈 일이 있었고
아직도 진행 중이란 걸 안다. 사실 나도 그렇다.
어쩔 수 있었던 건 아니다.
그나마 사람에게는 좋은 일과 나쁜 일은 좀 적고
아무렇지도 않은 날이 많아서 다행이다.
매일매일 몇십 년 살아가야 하는데
우는 건 너무 힘들 거고
그렇다고 웃기만 하면서 사는 건 쉽겠니?

오늘은 밥 먹으러 모였는데, 몇몇은 술도 마신다.
마시고 싶으면 마셔라. 밥과 술이 다른 거더냐.
영은이가 술을 마시는데 가만히 보니
술 잘 못 마시는 애들이 술 마시는 방식
그냥 무조건 벌컥 마시고 또 마신다.
그것도 누가 어쩌랴. 네 맘대로 해라.

그래도 좋을 때, 나쁠 때, 아무렇지 않을 때
그중에 영은이가 오늘은 좋은가 보다.
이미 조막손만 한 얼굴은 빨개졌는데,
자꾸 더 마시고 싶어 하니 말이다.
살면서 오늘 같은 날만 기억할 수는 없을까

바라보지만 그럴 수는 없을 것이고
오늘이 즐거웠다고 기억이 된다면
때로 어려운 어느 날, 오늘 생각하고
맘대로 살되, 있는 힘껏 살아나 가거라.

시장 근처에서

오랜만에 싼 밥 먹을 약속이 있어
시장 근처 갈비탕 집을 들렀고
단지갑短紙匣에서 돈을 집어 계산했다.
주민등록증과 운전면허증이 빛바랜 체 끼어 있고
신용카드, 체크카드, 버스카드도 있다
이 정도 조건은 대부분이긴 해도 모두는 아니다.
국민으로서 충분한 권리를 누릴 수도 있고
경제적으로도 먹고 마시고 즐길 수 있다
그런데 왜 그런지 몰라도 5장 카드가 들어있는
아주 오래 써온 지갑이 그래도 너무 얇다.

잔액도 확인할 겸 현금도 찾을 겸
돈 찾는 기계와 눈싸움하듯 노려보며 대화한다.
뭔지 알아들었는지 덜컹 입을 벌린다.
만 원, 오만 원 몇 장 토해내고, 그걸 집어 들고
지갑에 넣었다가 발길을 못 돌리고 망설인다.
옆자리의 곁눈질로 보이는 두툼한 장지갑長紙匣

보기만 해도 심하게 울컥한다.
창구직원에게 한 장뿐인 오만 원을 건넨다.
수북이 천원, 오천 원짜리를 받아든다
지갑이 두툼해진 듯해도, 그는 부자는 아니다
이 세상 사람들이 모두 아는 게 아니라

그 자신만이 그 사실을 알고 있다

날씨가 추워진 시장에서 좌판을 차린 노인들이
전대도 없이 꼬깃꼬깃한 돈, 몇 장씩 손에 들고
추위에 떨며 얼핏 눈물겨운 경제활동을 한다.
시장을 죽 지나가며 비슷한 장면의 연속이다
부자냐 가난하냐, 행복이냐 고생이냐
조금 높은 수준의 물음, 삶의 가치가 있냐? 없냐?
얼굴에 스치는 차가움과 찬바람을 느끼면서
무엇을 생각해야 하는지, 어떻게 생각해야 하는지
글쎄. 단지 아무것도 모르겠다고 해야 하는 건지
매번 이렇게 무책임하게 살아도 되는 건지

타락墮落한 한 인간을 보며

시중에 행세 꽤나 하는 놈이 있다. 잘 안다.
그에게 타락한 놈이란 말을 서슴없이 한다.
인륜 도덕, 정신적 또는 육체적 어느 것이든
왜 그렇게 욕을 확신을 가지고 하느냐면
바로 본인 스스로가 그 사실을 잘 알기 때문이다
알 돼, 가능하면 그 사실 모른척하려고 한다.
꼴에 사회적 지위나 체면 같은 것을 들먹이며
사회적으로 경제적으로 생색도 내려고도 하고
한 마디로 별별 짓 다 한다고 하면 될 것 같다
개가 개 같은 짓 하는 것은 당연한 일이지만
지가 거의 그렇게 산다는 것 알면서 말이다
사실이란 게 눈으로까지 보이지는 않을 거라
그 인간. 아마도 세상 그렇게 생각하려나 보다.
세상에는 눈에 보이는 게 전부도 아니고
안 보인다고 모든 걸 모르는 것도 아니다.

이 인간은 누구이고, 또 어떻게 해야 하는가

여태껏 같이 살던 욕심 많은 이웃이다
그가 누구인지 모를 리 없다, 다 안다.
어떻게 하기는, 어쨌든 함께 살아가야지
타락墮落의 반대말을 갱생更生이라고 하나
결국 타락의 길을 생각보다 오래 걸어온 그와

함께 살아야 하는데, 다시 살려야 하는데
안타까움이나 조바심으로 주문처럼 하는 말
왜 조금만 더 착하게 살지, 그럴 수 있는데
왜 조금만 더 일찍 알지, 그럴 시간 많았는데
이 욕심 많고, 인색한 그러면서 행복한 이 이웃
그렇지만 그래서 더 불쌍한 어쩔 수 없는 이 이웃
답이 여러 개 있으되, 그 인간은 따르려 않고
오! 신이시여. 인간만큼 신뢰하는 건 아니지만
혹시 당신. 이에 대한 답이 있으시오.

살아있음의 공포

눈에 보이는 것, 귀에 들리는 것
그 외에 모든 것이 사라지는
죽음의 공포
아! 인간이 이 세상
살아가면서 살아있으면서 느끼는
최상의 공포인가?

어느 땐가 문득 삶의 느낌이라는 것 있는데
살아 있음의 공포라는 것은 있을까?
그게 있다면 그건 무엇일까?
나이 들어가면서 느끼게 되는 삶의 허무나
항상 같지 않은 무엇, 무상에 대한 쓸쓸함
많은 사람들 속에서 섬처럼 고립된 생활
삶의 영원한 미해결 문제 군중 속의 고독
나이 들어가며 사는 기간 내내 가난과
질병의 고통으로 추락한 삶의 질에 대한 상실감
한눈으로도 알아볼 수 있는 비도덕과 비양심

한마디로 승자독식의 사회가 주는 환멸
대책이란 게 없는 살아있음의 공포
개인적으로 준비할 여유가 없어 아무것도 없고
가끔 생각하면 동네 부녀회보다 못한 정책으로
국가는 이것저것 속 빈 강정 굴러다니듯

많아 보이지만 별게 없이 허둥대는 모습
이 모든 게 가로로 또는 세로로 얽혀 있으며
막 시간에 떠밀려 살아간다는 어이없음

살아있는 생명체 모두가
죽음의 공포에 대한 두려움이 있지만
사실 지금 이 세상에는
살아있음으로 해서 겪는
살아있음의 공포
그것이 무엇이든 죽음의 공포보다 크다.
어찌 된 것인지는 모르지만

눈 내린 날

눈이 많이 내렸다.
개나리 나무 덤불도 하얗다.
참새, 멧새
하긴 아는 새가 이들뿐이니
한참 떠들다간 흔적이
눈 위 어지러이 새 발자국으로 찍혀있다.
발 시리겠다.
무슨 이야기 인지 궁금하기는 한데
짹짹, 찍찍
아마 너희끼리 하고픈 이야기라고 해 줄게
우리도 우리끼리 하고픈 이야기 있다
그런데 그게 참 이상하게 되었어.
언어가 엉겨 붙어서가 아니라
생각들이 뒤죽박죽 엉겨 붙어서 말이야

깨끗한 하얀 눈 위에 새 발자국
발 시리겠다.

이 겨울 잘 참아내라

그래야 봄을 노래하던 꽃을 노래하던

아니면 무엇이라도 할 수 있지 않겠니?